AF234441

QUELQUES MOTS

DE

RÉPONSE

A M. LE Dʳ RICORD.

PAR

LE Dʳ A. THOMSON.

If friendship's nothing, *self-regard* might teach
More polish'd usage of his parts of speech,
But what is shame, or what is aught to him?
He vents his *spleen*, or gratifies his *whim*.
Some fancied slight has roused his lurking *hate*,
Some *folly* cross'd, some jest, or some *Debate*.
(*Hints from Horace.—Byron.*)

"It is the first office of judges, never to decide in
any, THE MOST TRIFLING CAUSE, without
hearing every thing that can be given in evi-
dence concerning it."
(*Discours du Lord Brougham, sur la Question de Réforme.*)

1° M. Ricord a calomnié M. Vernois.

2° M. Ricord, sachant que toutes ses calomnies étaient sans aucun fondement, les a cependant maintenues.

3° M. Ricord a refusé à M. Vernois toute espèce de rétractation.

4° M. Ricord n'a accepté aucune des conditions que dicte l'honneur en pareille circonstance, pour réparer une insulte qu'on ne veut pas désavouer.

5° M. Ricord s'est donc conduit de telle manière qu'il n'y a plus qu'à l'opinion publique à déterminer la nature de ses actes.

Le Dʳ Ricord n'ayant affaibli ni même attaqué aucun de ces chefs d'accusation, le Dʳ Thomson se bornera à présenter sa défense personnelle.

Le Dr Thomson n'a jamais eu besoin de la protection du Dr Ricord. Il a fait sa connaissance à l'hôpital du Midi, où le Dr Ricord s'est montré très-obligeant pour lui; et le Dr Thomson, le croyant un homme d'honneur et digne de son amitié, lui en conservait reconnaissance, à tel point, que, lorsque le Dr Ricord fut attaqué dans un journal anglais, le Dr Thomson se chargea de le défendre; ce qu'il fit en des termes très-honorables pour tous deux.

Le Dr Thomson n'a jamais traduit les articles du Dr Ricord pour gagner *quelque argent*. Loin de là, il a proposé au Dr Ryan, rédacteur du journal médical et chirurgical de Londres, de *payer lui-même* pour qu'on y insérât les articles que celui-ci jugeait trop longs.

Le Dr Thomson n'a jamais recherché le *patronage* du Dr Ricord, ni celui d'aucun autre de ses confrères; il est de ceux qui savent faire leur route sans *patronage*. Son protecteur naturel, si toutefois il en désirait un, serait son père, qui est dans un rang et dans une position que peut-être le Dr Ricord n'atteindra jamais.—(Le père du Dr Thomson est le Dr Ant.-T. Thomson, professeur de matière médicale à l'université de Londres).

Le Dr Ricord a donné, il est vrai, des encouragements au Dr Thomson lorsqu'il commença son ouvrage sur les hernies, et la lettre suivante prouvera que ces encouragements ne furent pas donnés à un *protégé*, mais à un ami.

A Monsieur le docteur Thomson.

Mon très-aimable et très-savant ami et confrère,

Les belles recherches que vous venez de faire sur l'anatomie chirurgicale des régions inguino-crurales, et l'ouvrage remarquable auquel vous travaillez avec tant de zèle et dont vous m'avez montré les admirables planches, me font un devoir et un vrai plaisir de me mettre au nombre de vos souscripteurs. Veuillez donc, je vous prie, mettre mon nom sur la liste des personnes qui, comme moi, s'intéressent à vos succès, et vous rendent justice.

J'ai recommandé votre travail à mon cours de médecine opératoire, lorsque j'ai fait mes leçons sur les hernies; j'ai dû me contenter de cela, n'osant point encore décrire, de peur de me tromper. L'intéressante leçon que vous avez bien voulu faire une fois à mes élèves, avait tellement fait plaisir, et semblait si neuve et si remplie de vues nouvelles, que je vous aurais bien prié d'en faire autant à mes élèves d'aujourd'hui ; mais je n'ai pas voulu abuser de vos moments, et j'ai mieux aimé attendre qu'ayant terminé votre ouvrage, je sois à même de pouvoir leur transmettre moi-même vos idées et vos découvertes.

Veuillez, mon très-aimable confrère, croire à mon sentiment affectueux et à toute ma considération.

Le 23 octobre 1834.   *Signé :* PH. RICORD,

> D.-M. P., chirurgien de l'hôpital des Vénériens, professeur de médecine opératoire à l'amphithéâtre de l'hôpital de la Piété, etc.

Le Dr Thomson avait conservé reconnaissance de cette lettre, ainsi que d'autres témoignages flatteurs du Dr Ricord. C'est cette reconnaissance qui lui avait fait refuser d'entrer dans aucun détail lors du premier différend survenu entre M. Vernois et le Dr Ricord. Il croyait d'ailleurs que cette querelle était toute scientifique, qu'elle n'atteignait la moralité d'aucun des antagonistes, et il s'était imposé à cet égard la plus stricte neutralité.

Le Dr Ricord accuse le Dr Thomson de s'être servi de son nom à l'Académie, sans *autorisation* de sa part. Le Dr Thomson n'a pas cru cette autorisation nécessaire, et voici pourquoi :

Le docteur Ricord, après avoir essayé le spéculum à quatre branches, inventé par le docteur Thomson, dit à ses élèves que cet instrument était le plus commode de ceux de cette nature, parce que le vagin était fort bien distendu par lui, et que la membrane muqueuse ne tombait pas entre les branches de l'instrument, et qu'à part la vitesse de la manœuvre, il était supérieur au sien, sous tous les rapports. Le docteur Ricord s'exprima ainsi devant une vingtaine de ses compatriotes. Quand le Docteur Thomson fit présenter son instrument à l'Académie par le docteur Amussat, il ne trouva aucun inconvénient à s'appuyer du témoignage de M. le docteur Ricord, ainsi que de celui de M. le docteur Louis, et de plusieurs autres médecins distingués, dans le service desquels l'instrument avait été es-

(4)

sayé avec succès. Le nom du docteur Ricord, dans cette occasion, ne lui fut donc pas d'une autorité spéciale, ainsi que le dit positivement le passage suivant du docteur Ricord : « Partout mon nom fut son autorité, ainsi qu'on l'a vu dernièrement dans un petit écrit qu'il a fait lire à l'Académie de médecine, et où, sans ma permission, il m'a fait approuver des instruments de son invention. »

Le Dr Thomson n'est pas riche, mais son revenu est égal à celui que beaucoup de médecins n'obtiennent à Paris qu'après 10 ans de clientelle. Il n'a donc pas besoin d'aller mendier des *traductions*, ni de spéculer sur des *associations*.

Le Dr Thomson a donné, depuis plus de trois ans, des démonstrations *gratuites* à une foule d'anglais et de Français qui pourront l'attester. Excepté, à l'époque du choléra, où il fut envoyé, par M. Orfila, dans le département de l'Aisne, il n'a jamais gagné d'argent en Franee, et il pourrait montrer plus d'une lettre dans lesquelles on lui reproche son désintéressement

Quand un comité fut nommé pour réviser le règlement de la Société, ce fut sur la proposition de trois membres : MM. le Dr Thomson, Strich, et Charlton. D'après cette circonstance, on proposa d'élire M. le Dr Thomson membre de la commission ; mais quelques discussions antérieures lui firent désirer de ne pas s'y trouver. Il se récusa donc, même après les instances du Dr Ricord qui l'engageait vivement à en faire partie. Le jour où la commission devait s'assembler, le Dr Thomson rencontra le Dr Ricord à l'A'cadémie, et celui-ci l'invita de nouveau à assister au comité, afin de donner des renseignements sur beaucoup d'articles qu'il avait proposés lui-même. Le Dr Thomson refusa d'abord, et ne céda qu'à la prière du Dr Ricord. Quant à la Société, les deux tiers au moins des membres actuels ont été présentés par le Dr Thomson, et parmi eux se trouve non seulement M. Vernois, mais le Dr Ricord lui-même. Que penser, après cela, du passage suivant de la réponse du Dr Ricord :

« Le nommé *Thomson*, pour qui la Société était un sujet de spéculations, vint me prier en grace de vouloir bien le laisser assister à notre réunion ; je ne voulus point répondre par un refus à cette inconcevable indiscrétion, je l'admis, n en faisant mes excuses aux autres membres. »

Le Dr Thomson ne comprend rien, absolument rien aux allégations du Dr Ricord, à l'égard d'une place d'*agent de la Société* : il a déja prouvé qu'il n'avait pas besoin de faire des *corvées rétribuées*. Maintenant tous ses camarades d'amphi-théâtre pourront dire avec lui qu'il n'en a pas le temps, que tous ses instants sont dévoués à des études profondes et consciencieuses ; qu'il est le premier au travail et le dernier à le quitter, et que c'est par sa persévérance et son assiduité qu'il est parvenu à triompher des obstacles qui l'entouraient, et de l'incrédulité de plusieurs de ses collègues.

Le Dr Ricord n'a pas *suspecté* le caractère du Dr Thom-son, ou alors il l'a bien habilement dissimulé. Le Dr Thom-son, moins habile en dissimulation, n'a jamais, jusqu'aux événements derniers, *suspecté* le caractère du Dr Ricord ; il lui a fallu même des preuves matérielles, irrécusables, pour qu'il renonçât à ses sentiments pour lui. Son estime était telle, que l'entendant s'emporter en injures contre M. Ver-nois, sa conscience en fut troublée, et qu'il se vit forcé de sus-pendre son jugement jusqu'au moment où il pourrait ques-tionner son ami. Le Dr Ricord parle du sang-froid du Dr Thomson en cette occasion. Le Dr Ricord attaque et tourne en dérision ce qu'un honnête homme admirerait, l'impartialité du Dr Thomson. Si le Dr Thomson eût condamné ou approuvé l'un ou l'autre sans examen, il eût été attaquable : mais traiter avec ironie le rôle respectable qu'il s'était imposé, est du ressort d'un homme incapable de comprendre tout ce qu'il peut y avoir d'honorable dans le cœur d'*un honnête homme*. Oui, le Dr Thomson fut impartial ; il interrompit les atta-ques du Dr Ricord, mais il s'est interdit tout emportement envers le Dr Ricord avant d'avoir éclairé sa conscience sur ses accusations injurieuses contre M. Vernois. Le Dr Thom-son, après avoir lu la lettre du Dr Ricord, adressa la lettre suivante au Dr Sichel :

Mon cher confrère,

Je vois que le Dr Ricord s'appuie sur la première lettre que vous m'avez écrite, dans laquelle vous dites que je ne l'interrompis point dans ses attaques contre M. Vernois, lors de notre entrevue chez lui. Je vous prie d'être assez bon pour me dire si j'interrompis ou non M. Ricord. Vous rappellerez-vous que le jour suivant, dans votre propre maison, vous me dites que vous vous étiez trompé sur ce point dans votre première lettre.

Le Dr Ricord prétend que j'ai lâchement refusé de faire honneur à mon propre défi. Veuillez m'écrire quelle a été ma réponse lorsque vous me déclarâtes que le Dr Ricord ne voulait pas se battre avec M. Vernois, mais qu'il était prêt à se mesurer avec moi.

Je vous serais aussi infiniment obligé si vous vouliez me dire franchement votre opinion sur ma conduite dans cette affaire. Votre caractère personnel me fait ajouter le plus grand prix à votre jugement.

Votre serviteur dévoué.
Signé : ALEX. THOMSON.

17 octobre 1834.

Voici la réponse du Dr Sichel :

Mon cher confrère,

Il est de mon devoir de rétablir un fait que votre rigoureuse exactitude et un sentiment de convenance vous ont empêché de publier, sans que j'y eusse consenti. Le 9 octobre, dans une entrevue que j'ai eue avec vous, je suis convenu m'être trompé dans ma lettre de la veille, en disant *que vous n'aviez pas interrompu M. Ricord.* J'aurais dû dire : *que vous n'aviez pas assez insisté sur votre interpellation ;* car vous avez interrompu M. Ricord : mais cette discussion entre vous et lui n'a pas été complète.

Lorsque je vous ai dit que M. Ricord regardait votre lettre du 8 octobre comme une provocation, et qu'il l'acceptait, vous m'avez répondu : qu'entre les deux voies de repousser l'injure, vous choisiriez la publicité, et que vous n'accepteriez le défi que quand M. Ricord aurait donné satisfaction à M. Vernois.

Dans toute cette affaire, Monsieur, vous vous êtes conduit, selon mon jugement, et toutes les fois que j'ai été témoin de votre manière d'agir, en homme d'honneur, en homme d'une parfaite loyauté. L'excès du sentiment d'honneur qui vous domine a même été la cause de ce que vous vous êtes quelquefois laissé entraîner par votre chaleur si naturelle et si pardonnable en pareille circonstance. J'ai à m'en

plaindre plus que tout autre, car je ne mérite pas les repro-
ches que vous me faites dans plusieurs passages de votre
publication, après mes efforts soutenus pour terminer hono-
rablement ces débats. En refusant catégoriquement la déclaration que je vous portai de M. Ricord, vous ne voulûtes
plus de mon ministère; ce n'est pas moi qui vous ai aban-
donné. Mais je vous pardonne : quand vous serez plus
calme, vous me ferez justice.

Recevez l'assurance de la plus sincère estime de votre
tout dévoué confrère.   *Signé :* SICHEL.

17 octobre, 6 heures et demie du soir.

Oui, le Dr Thomson estimait le Dr Ricord; et les vives pro-
testations de son ami Vernois, tout en le convainquant de
l'honneur de ce dernier, n'avaient pas ébranlé son opinion à
l'égard du Dr Ricord. Il croyait que le Dr Ricord avait entendu dire les propos qu'il avait tenus devant MM. Webber,
Sichel et lui-même; que peut-être le souvenir de discussions
antérieures lui avait fait mettre de l'emportement en parlant
de M. Vernois, mais qu'une fois que la conscience du D^r
Ricord serait éclairée, il conviendrait de ses erreurs et les
réparerait en homme d'honneur.

En effet, la lettre suivante fut adressée au Dr Ricord, qui
s'est bien gardé de la publier.

Monsieur,

L'ami intime de Vernois n'a pu entendre, sans être
offensé, un homme qu'il respecte, auquel il a des obliga-
tions, et pour qui il professe beaucoup d'affection et d'estime, couvrir son nom d'ignominie et de honte en présence
d'étrangers; car je suis très-lié avec Vernois, et je l'ai depuis long-temps reçu dans ma famille comme un ami tout
particulier. Je n'ai pas besoin de vous dire que je n'y aurais
jamais admis un homme duquel on pourrait publier :
*qu'il est plus infâme qu'un galérien, qu'il a été souffleté en
public, etc.* S'il y avait quelque fondement à ces accusations, je serais également infame de l'avoir proposé comme
membre de la Société. J'ai demandé ce matin à Vernois
une explication à ce sujet, et je lui ai dit que jusqu'à ce
qu'il m'eût démontré la fausseté de ces imputations, il ne
pourrait espérer être encore reçu dans ma famille. Il a

protesté contre de pareilles insinuations, les a déclarées mensongères ; et je ne puis que dire, que d'après les relations honorables que Vernois a tous les jours avec les hommes les plus distingués, j'ai lieu de craindre que vous vous soyez trompé. J'espère que vous vous hâterez d'enlever la flétrissure que vous avez jetée sur un membre de notre Société.

8 octobre 1834. *Signé* ALEX. THOMSON,
2, impasse des Vignes, rue des Postes.
(*Traduit de l'anglais.*)

Voici sa réponse à cette lettre :
Le lecteur impartial est appelé à juger.

Monsieur,

L'ami intime de Vernois ne saurait être le mien, ainsi que me le prouve la lettre que j'ai reçue de vous ce matin ; il fallait choisir entre lui et moi, et c'est ce que vous avez fait. J'avoue que votre lettre m'a causé quelque surprise ; les relations que nous avons eues ensemble me paraissaient de nature à m'attendre à autre chose !

Quoi qu'il en soit, relativement *à votre intime ami*, j'ai dit, qu'avec tout le respect que je professais pour la Société nouvelle dont je fais partie, que si j'avais su qu'il y siégeât, j'aurais refusé d'en être ; vous m'avez dit que cela vous étonnait, que M. V*** n'était pas un échappé des galères : à quoi je vous ai répondu qu'il ne me ferait pas plus plaisir de siéger à ses côtés. Maître à moi d'accorder mon estime ou mon mépris à qui bon me semble. Quant aux autres parties de mon discours, je vous renvoie à l'hôpital des Vénériens, pour plus ample information ; ne voulant ni parler, ni entendre parler d'un homme avec lequel je ne veux rien avoir à faire.

Toutefois, permettez-moi de vous faire une observation : j'avais cru, hier, avoir dans l'intimité de mon cabinet un homme que depuis plusieurs années j'étais habitué à regarder comme ami ; je me suis trompé, c'était l'ami de M. V*** ; j'en suis fâché !

Le 8 octobre 1834. *Signé :* PH. RICORD.

Le Dr Thomson reproduit ici tout ce qu'il a dit à l'égard de M. Lisfranc. Il laisse au public à juger si ces faits sont, ou non, *moralement déshonorants*. M. Vernois, dans l'entrevue qui eut lieu le 10 octobre avec MM. Webber et le Dr Ricord, voyant que celui-ci ne l'accusait que d'après des rapports qui lui avaient été faits, lui dit qu'on pouvait rétorquer ses arguments par les bruits qui circulaient sur sa conduite envers M. Lisfranc, et qu'entre autres choses, on répétait publiquement que M. Lisfranc lui avait donné des coups de pied, et qu'il avait refusé un duel avec M. le Dr Caron Du Villards. Le Dr Thomson, ainsi que M. Vernois, firent bien remarquer qu'ils ne rapportaient cela que comme des *on dit*, mais la colère et l'emportement du Dr Ricord mirent obstacle à tout ce qui pouvait ressembler à une investigation calme et réfléchie. Deux messieurs se présentèrent le lendemain matin à M. Lisfranc, en disant que le Dr Thomson avait avancé ces faits, comme déclarés par M. Lisfranc lui-même. Le Dr Ricord oublie, avec sa bonne foi ordinaire, de dire que M. Lisfranc refusa avec dédain d'ouvrir la lettre qu'il lui avait adressée; qu'il nia simplement que le propos du *coup de pied* vînt de lui, et répéta devant eux la déclaration suivante, dont l'exactitude est certifiée par le troisième témoin.

M. Lisfranc a dit aux deux personnes qui sont venues auprès de lui de la part de M. Ricord, que M. Ricord étant à Crouilly, lui avait écrit plusieurs lettres pour le prier de s'intéresser à lui; que M. Lisfranc lui avait répondu qu'il lui porterait toujours le plus vif intérêt; que M. Ricord était venu à Paris, et que tout le monde savait qu'il lui devait sa carrière; que M. Lisfranc ayant eu une névralgie à la nuque, M. Ricord avait dit publiquement, dans ses cours, que M. Lisfranc était affecté d'une aliénation mentale, et qu'il ne le citerait plus désormais qu'avec ces expressions : *feu M. Lisfranc*. M. Lisfranc a ajouté qu'il ne voulait s'occuper d'aucune manière d'un homme qui s'était comporté vis-à-vis de lui, comme l'avait fait M. Ricord.

Étant l'*autre personne* présente à la réponse de M. Lisfranc, je certifie qu'elle a été telle que ci-dessus.

Paris, 17 octobre 1834.   PAULY,
                              Interne à la Pitié.

Le docteur Ricord renvoyait à l'hôpital du Midi, pour plus amples renseignements. Il était du devoir du docteur Thomson de s'y transporter : et ce fut là qu'il apprit des témoins oculaires que M. Vernois avait été calomnié. Le docteur Ricord ne veut pas descendre à lire des certificats. Il récuse tout témoignage, hors celui de M. Desvouves : or, M. Desvouves étant partie intéressée, son témoignage ne vaut pas plus que celui de M. Vernois. Le témoignage des autres individus sur lesquels s'appuie le docteur Ricord, est également nul, puisqu'ils avouent n'avoir rien vu. Qu'on suppose l'affaire en police correctionnelle, sera-ce M. Desvouves ou bien ses collègues qu'interrogeront les juges ? non ; mais *les témoins oculaires* : ceux-là seront seuls écoutés ; ce sera d'après leur réponse que le tribunal prononcera. Or, le docteur Thomson a toutes ces réponses entre les mains : il ne s'est pas borné à protester de l'honneur de son ami, il a proposé au docteur Ricord de l'accompagner à l'hôpital du Midi pour y entendre les dépositions des témoins, ce que ce dernier a opiniâtrement refusé. Le docteur Thomson a été une, deux et trois fois aux preuves, il peut montrer les pièces légalisées à qui voudrait les voir ; et le docteur Ricord, qui ne saurait se soustraire à la force de ces documents, s'amuse à dire qu'il ne s'abaisse pas jusqu'à de telles preuves, comme si les gens de bon sens pouvaient être dupes d'une ironie si maladroite ; comme si des certificats n'étaient pas des pièces *impérieuses*, lorsque surtout elles sont signées par des gens qui, dépendant plus ou moins de M. Ricord, avaient le plus grand intérêt à ne pas l'indisposer contre eux.

A de pareils faits, que répondre ?

Le Dr Thomson repousse l'accusation d'avoir rien dit de déshonorant pour M. Marrotte. Le Dr Green, qui a porté la lettre du Dr Thomson à M. Marrotte, est prêt à attester les paroles attribuées à M. Marotte. La conduite de M. Vernois, d'après ce que j'ai entendu dire par M. Marotte lui-même, a été honorable dans cette circonstance. Les deux lettres suivantes écrites par les deux témoins de M. Vernois l'affirment également.

Mon cher Vernois,

Je reçois à l'instant votre lettre du 11 courant, qui me

fait part d'une nouvelle attaque de vos adversaires de l'année passée. Que veulent-ils, ces messieurs? ne sont-ils pas satisfaits de la manière honorable dont nous les avons libérés de tous différends? Ils ont exigé un écrit de vous en réparation, ou plutôt pour attester, que réellement contre eux vous n'aviez rien à dire. Cet écrit, je l'ai, et rien au monde ne s'est passé dans cette affaire autrement qu'avec honneur et loyauté. Au surplus, les témoins de part et d'autre sont là pour l'affirmer; et je prendrais, moi, comme eux, pour insulte très-grave le doute de qui que ce soit.

Je ne sais, mon cher Vernois, ce que l'on peut vous trouver à dire; en homme d'honneur vous vous êtes conduit. Il en aurait été autrement, j'aurais eu alors une mission à remplir, comme votre second.

J'ai l'espoir sous peu d'être à Paris. Nous causerons de tout cela amplement, et vis-à-vis de ces messieurs, s'il le faut.

Quant à moi, mon ami, tout à vous, de cœur et d'amitié.

14 octobre.   E. ÉPAILLY.

Monsieur,

Je serais fâché de voir se renouveler une querelle terminée depuis bientôt un an, et que je crois tout-à-fait en dehors des discussions qui existent maintenant entre MM. Ricord et Vernois. Il me serait impossible de vous dire tout ce qui s'est passé à cette époque : je me rappelle à peine ce qui a donné lieu au duel en question; mais, comme témoin de M. Vernois dans cette circonstance, je puis vous donner l'assurance que les explications *franches* et *loyales* données verbalement par lui, étaient de nature à satisfaire, et ont satisfait complétement les témoins de M. Marrotte, son adversaire : aussi, le duel n'a-t-il pas eu lieu.

M. Vernois a pris l'engagement de donner le lendemain ces explications par écrit; et de part et d'autre il a été promis qu'on ne chercherait pas à susciter de nouveaux débats à leur sujet : je vous crois, Monsieur, trop homme d'honneur pour les provoquer.

Agréez, Monsieur, l'assurance de ma considération distinguée.   *Signé :* Eug. DEFRANCE.
                    Interne à l'hôpital de la Charité.

Samedi matin, 18 octobre.

Le Dr Thomson, croyant l'affaire terminée, avait résolu de n'y plus songer, lorsqu'une lettre du Dr Ricord lui arriva par la poste. Il l'ouvrit ; ce qu'il n'aurait pas fait si la lettre lui eût été remise par une main particulière. Voici la copie de cette lettre.

Le style de votre lettre, Monsieur, est tel, qu'un homme de mon rang et dans ma position, aurait dû la regarder avec le mépris qu'elle inspire, et ne pas y répondre, si je n'avais cru devoir engager l'ami d'un Vernois à livrer à la publicité, le plus promptement possible, toutes les saletés dont il se couvre en insistant sur ce point, que M. Ricord, qui a refusé de laver les joues que M. Desvouves avait salies, n'avait pas craint d'élever jusqu'à lui un *Thomson*, et que ce dernier, digne des hommes qu'il soutient, a lâchement refusé, à deux reprises, de maintenir son propre défi.

N'oubliez pas de dire encore que les mensonges dont vous vous étiez servi ont été rétractés ou rejetés sur vous par ceux à qui vous les aviez imputés.

Je laisse aux hommes d'honneur à juger entre moi et des gens tels que vous.

15 oct. 1834. *Signé* : P. Ricord.

Le Dr Thomson a envoyé la réponse qui suit au Dr Ricord, par l'entremise de M. C. Tarral. M. Ricord refusa de l'ouvrir. Voici les expressions dont il se servit à cette occasion :

Mon cher Thomson,

Vous m'avez chargé de porter une lettre à M. Ricord ; voici sa réponse verbale : « Monsieur, ayez la bonté de « rapporter cette lettre, que je ne puis toucher, l'auteur « en est trop sale ; d'ailleurs, vous pouvez lui dire que *maintenant* je l'estime autant que la boue de mes souliers. »

Signé : C. Tarral.

Monsieur,

Votre lettre est tout-à-fait celle d'un homme désespéré, puisque vous oubliez même ce que vous dit ma réponse. Dès que vous aurez rendu *pleinement et entièrement* raison à Vernois, ou sur le terrain, ou par écrit, je suis prêt à satisfaire à votre demande : je vous prie même de vous rappeler que déja j'ai formellement déclaré l'intention que j'avais de vous demander réparation des insultes que vos lettres renferment contre moi. Je suis heureux de vous dire que personne plus que moi n'aurait désiré que vous sortissiez avec honneur de cette affaire; je vous en ai donné l'occasion dans ma première lettre, mais vous l'avez frauduleusement soustraite aux juges que vous avez acceptés, afin de faire peser sur moi des accusations dont vous savez la fausseté. En affaire d'honneur, je ne considère jamais le rang, c'est pourquoi je ne parle pas du mien. Et si c'est cette différence qui vous a empêché de rendre raison à Vernois : malheureusement pour vous, vous avouez ainsi que, connaissant l'impossibilité d'une rencontre entre vous deux, vous auriez attaqué et injurié un homme désarmé d'avance.

16 oct. 1834, midi.   *Signé* : ALEX. THOMSON.

Le Dr Ricord, après avoir protesté du désir qu'il avait que cette affaire fût livrée à la publicité, a non seulement soustrait à cette publicité toutes les lettres qui pouvaient l'attaquer, mais il a encore refusé à M. Sichel la permission de communiquer au Dr Thomson des pièces importantes. La preuve est dans ce qui suit :

Au Docteur Thomson.

Mon cher confrère,

M. Ricord m'écrit qu'il ne désire pas que vous ayez copie ou même connaissance des pièces qu'il m'a confiées, et il me prie de dire qu'il n'a jamais regardé comme une rétractation la déclaration qu'il m'a laissée, et qu'il n'a jamais prononcé ce mot. Il est vrai que c'est moi seul qui ai fait l'usage de cette expression.

Vous voyez donc que ce n'est qu'en donnant lecture de ces pièces, aux personnes que vous m'enverrez, que je puis vous être agréable.

M. Rattier qui m'a porté la réponse de M. Ricord, m'a

dit que votre publication a paru ce matin. Je ne l'ai pas encore reçue.

Recevez l'assurance de la plus parfaite considération de Votre tout dévoué confrère.

Signé : SICHEL.

16 octobre 1834 , 8 heures et demie du soir.

Le Dr Thomson croit avoir répondu à toutes les allégations du Dr Ricord. Son but, dans ce dernier imprimé, n'a pas été, en suscitant de nouvelles attaques contre le Dr Ricord, d'*éluder* la question. Le Dr Thomson ne sait pas ce que c'est que *descendre* jusqu'à un individu, ces modes d'expressions ne sont pas à son usage. Il considère tous les hommes comme égaux, s'il lui arrivait de faire quelque différence, ce ne serait qu'entre l'honnête homme et celui qui ne l'est pas. Entraîné dans cette déplorable lutte par un sentiment d'honneur qui trouvera de l'écho dans tous les cœurs généraux, le Dr Thomson a dû borner sa tache à défendre son ami contre la calomnie et à repousser les insinuations du Dr Ricord à son propre égard.

Ces insinuations, quelque pitoyables qu'elles fussent, auraient pu être accueillies par ceux qui ne le connaissent pas. Il était de son honneur d'y répondre. Cela fait, il reprendra ses recherches accoutumées, déplorant à jamais le jour où il fût forcé de les quitter pour acquérir la pénible conviction qu'un de ses confrères, qu'il aimait et estimait, avait attaché à son nom une tache ineffaçable.

ALEX. THOMSON.
Docteur en médecine.

Je reçois à l'instant, de M. Vernois, la lettre suivante qui vient encore à l'appui de ce que j'ai avancé.

Signé : ALEX. THOMSON.

Mon cher ami,

M. le Dr Ricord qui dédaigne tous les certificats, a pourtant été hier acquitter sans doute un remord de conscience un peu tardif. Il voudrait attaquer la validité du notre, à cause des mots *a posteriori* qui s'y trouvent intercallés, se fondant sur ce que les personnes qui ont signées ne connaissent pas le latin. Mais vous savez fort bien que cette expression peut être retranchée sans enlever à la phrase rien de sa force et de son accablante vérité. Au surplus, je vous adresse le petit mot que m'écrit à ce sujet M. Ory.

« Hier, j'ai signé à M. le Dr Ricord un certificat, constatant que je ne connaissais pas le latin, et que je n'avais pu comprendre le mot (*a posteriori*) qui se trouve dans un des certificats, mais je lui ai dit, et je vous le répète, c'est par derrière que vous avez été frappé. »

Signé : **A ORY.**

18 octobre 1834.

Ainsi, mon cher ami, force reste à la vérité.

Adieu de cœur.
MAXIME VERNOIS.

18 octobre 1834.

De l'imprimerie de Firmin Didot frères, rue Jacob, n° 24.

9 7 8 2 0 1 9 3 1 6 0 6 8